CATÉCHISME
POLITIQUE

A L'USAGE DU PEUPLE

DES VILLES ET DES CAMPAGNES

PAR

M. CH. DE BUSSY

PARIS

DESLOGES, LIBRAIRE-ÉDITEUR

RUE CROIX DES PETITS-CHAMPS, 4

1861

CATÉCHISME POLITIQUE

A L'USAGE DU PEUPLE

DES VILLES ET DES CAMPAGNES

Paris.—Typ. de Cosson et Comp., rue du Four-Saint-Germain, 43.

CATÉCHISME
POLITIQUE

A L'USAGE DU PEUPLE

DES VILLES ET DES CAMPAGNES

PAR

M. CH. DE BUSSY

PARIS

DESLOGES, LIBRAIRE-ÉDITEUR

RUE CROIX DES PETITS-CHAMPS, 4

1861

CATÉCHISME POLITIQUE

A L'USAGE DU PEUPLE

DES VILLES ET DES CAMPAGNES.

Demande. — Qu'est-ce qu'une monarchie?

Réponse. — C'est une famille gouvernée par son père.

D. — Qu'est-ce qu'un gouvernement constitutionnel ?

R. — C'est une famille appelée par son chef à l'aider dans l'administration des affaires.

D. — Qu'est-ce qu'une république ?

R. — C'est une famille privée de son chef, et qui, sous prétexte qu'elle veut se gouverner elle-même, laisse le pouvoir aux mains de parvenus du plus bas étage, intrigants ambitieux et féroces, ne reculant devant aucun crime pour acquérir le pouvoir et conserver leur autorité impure et usurpée.

D. — Qu'est-ce que l'anarchie?

R. — Un affreux désordre résultant de ce que la famille a voulu se gouverner elle-même. C'est l'oubli des devoirs respectifs, la révolte contre les lois religieuses et contre les lois sociales, le refus d'obéissance à toute autorité.

D. — Qu'est-ce que le despotisme?

R. — C'est le pouvoir usurpé par un des membres de la famille, lequel membre, pour le conserver, emploie la force, la violence et souvent même le crime.

Le despotisme est ici la conséquence de l'anarchie, comme l'anarchie est la conséquence de la république, avec cette différence cependant que la république a détruit la monarchie, tandis que, par ses excès mêmes, le despotisme tend à ramener la famille à la monarchie par le retour à l'ordre et à l'obéissance.

D. — Qu'arrive-t-il à la famille qui se révolte contre son chef légitime, et qui méconnaît son autorité ?

R. — Malheur ! car elle devient sa propre victime ; après s'être déchirée elle-même, elle voit sortir de son sein quelque aventurier, un être ambitieux, audacieux et cruel, qui l'asservit, et lui fait durement regretter la perte du pouvoir paternel qu'elle-même a méconnu, détruit et outragé, et lui en fait ardemment désirer le retour.

D. — Qu'est-ce qu'un monarchiste ?

R. — C'est un homme soumis à son souverain légitime, qui respecte son pouvoir, qui obéit aux lois, et qui, par amour pour sa patrie, est toujours prêt à se sacrifier lui-même.

D. — Qu'est ce que la noblesse ?

R. — C'est une distinction accordée par les rois ou les empereurs en récompense de services rendus à l'Etat.

D. — Les peuples anciens avaient-ils une noblesse?

R. — Ils avaient des familles distinguées et honorées comme ayant rendu des services à l'Etat. On voyait même de ces familles se faire descendre des dieux, voulant par là s'illustrer davantage et faire perdre leur origine dans la nuit des temps. Les anciens avaient une vénération particulière pour les familles illustrées par des services rendus à la patrie et les honoraient de diverses manières.

D. — Ne dit-on pas que la noblesse est ennemie des concessions faites aux peuples par les monarques ?

R. — Ce sont ses ennemis qui le prétendent. Quant à elle, fidèle à ses serments, elle maintiendra, en dépit de ses calomniateurs, ces chartes et ces constitutions qu'elle a jurées.

D. — On dit pourtant qu'elle regrette les siècles de la féodalité ?

R. — Nouvelle calomnie. Ceci est d'autant plus absurde qu'il suffit de lire l'histoire de cette époque pour juger si la noblesse peut la regretter. En effet, son sort était de se battre sans cesse, soit pour le roi, soit contre elle-même. Ses châteaux étaient des espèces de prisons où elle s'enfermait pour éviter ses propres fureurs. Ses droits, attaqués par la force, étaient également soutenus par la force. Jamais donc elle n'avait ni paix, ni repos; tandis que maintenant, défendue et protégée par les lois, que le peuple a juré lui-même de maintenir, on ne pourrait chercher à la détruire qu'en détruisant ces lois elles-mêmes.

Aussi, loin de regretter le temps de la féodalité, la noblesse serait bien fâchée que cette époque revînt pour elle.

D. — Mais n'a-t-on pas parfois entendu la noblesse gémir sur ses malheurs ?

R. — Qui pourrait lui reprocher ses larmes, après tout ce qu'elle a souffert depuis plus de soixante ans ? Mais elle se résigne, en jouissant en repos du peu de bien qui lui reste, se souciant peu des droits féodaux qu'on l'accuse de vouloir rappeler et auxquels elle avait elle-même renoncé avant qu'ils fussent abolis.

D. — Que serait une monarchie sans noblesse ?

R. — Un gouvernement despotique, comme en Turquie et chez les peuples de l'Asie, où il n'y a qu'un maître et des esclaves.

D. — Quel est donc le rôle de la noblesse ?

R. — Elle sert de contre-poids à la balance politique. Elle défend à la fois le peuple contre le despotisme, et le trône contre l'anarchie. Le despotisme et l'anarchie étant les deux grands fléaux de la politique, on voit de quelle utilité pratique est la noblesse.

D. — Le peuple a donc eu tort de haïr et de détruire la noblesse ?

R. — Autant de tort qu'auraient des enfants mineurs de se défaire de leurs frères majeurs, dont le devoir, comme l'intérêt, est de les protéger. Aussi, après la destruction de la noblesse, a-t-on vu le peuple privé de ses défenseurs naturels, devenir à son tour victime de la tyrannie de Robespierre et des autres républicains.

Chose digne de remarque ! sous la Terreur, on guillotina plus d'ouvriers que de prêtres et de nobles. Les statistiques l'établissent avec une éloquence foudroyante.

D. — On avait cependant dit au peuple, alors comme aujourd'hui, qu'on détruisait le trône et la noblesse *pour son bonheur* ?

R. — C'est toujours ce que disent et diront les gens perfides qui, pour s'élever et s'enrichir, auront besoin du peuple, qu'ils trompent d'abord, qu'ils tyrannisent, égorgent et dépouillent ensuite.

D. — Qu'est-ce qu'un républicain ?

R. — C'est l'ennemi du peuple, qu'il adule, pour le voler et l'assassiner; c'est un orgueilleux qui refuse d'obéir, afin de pouvoir commander; qui veut renverser tout ce qui domine, afin de pouvoir dominer tout le monde; c'est un ambitieux qui cache sa passion sous le masque du bien public, et qui cherche à asservir sa patrie en lui vantant son désintéressement et son amour pour elle.

D. — Qu'est-ce qu'un *socialiste?*

R. — Un fou ou un scélérat, et, dans tous les cas, le plus dangereux des êtres. Le socialisme, c'est l'athéisme et le matérialisme par le brigandage ; c'est la haine de la Religion, de la Propriété et même de la Famille ; son dernier terme est le *communisme*, la plus hideuse doctrine émanée de l'enfer.

D. — Le socialisme ne ferait donc pas le bonheur du peuple, comme on l'affirme ?

R. — Il ferait tout au contraire son malheur et sa honte, sa ruine et sa misère en ce monde, comme sa damnation dans l'autre. Au surplus, le socialisme n'est pas, en somme, aussi dangereux qu'on le pense, car il est absolument impraticable. Mais, en attendant, la prédication de cette utopie n'en est pas moins très-funeste aux classes laborieuses, qu'elle détache du devoir, dont elle excite l'envie, qu'elle désespère, qu'elle rend misérables et qu'elle arme pour des luttes fratricides.

D. — Qu'est-ce qu'un démagogue?

R. — C'est un homme qui, sous prétexte qu'il veut le gouvernement de tous, est ennemi de tout gouvernement; c'est un esprit malade qui veut avoir ce qu'il n'a pas, et qui se plaint de tout ce qu'il voit autour de lui. C'est un brigand qui voudrait mettre le feu au monde entier pour prouver que nous sommes *au siècle des lumières*.

D. — Qu'est-ce qu'un *libéral?*

R. — C'est un mécontent de tout, et quand même de l'opposition, jusqu'à ce qu'il soit arrivé lui-même au pouvoir, où il continue la manière de ceux qu'il a renversés, faisant à son tour ce qu'il a le plus aigrement blâmé, et prouvant de la façon la plus douloureuse aux populations que le mot de *liberté* est l'appât des ambitieux pour attraper les dupes. Dans une monarchie, il est républicain, comme il serait royaliste dans une république. Sans convictions, pourvu qu'il ait l'autorité, il déclare tendre à la *perfectibilité de l'esprit humain*; il déclare que l'homme, privé de toute entrave, égalerait presque la Divinité. C'est pourquoi il aspire à détruire la religion, qui lui est un obstacle. Il attaque les mœurs pour cette même raison, car elles ont des lois qui contiennent les passions des hommes; or, selon lui, ce sont les passions qui poussent les hommes aux grandes choses.

D. — Qu'est-ce qu'un philosophe moderne?

R. — C'est un *libéral* qui écrit ses folies et qui les répand. Il se distingue surtout par sa haine contre la religion.

D. — Qu'est-ce qu'un *philanthrope?*

R. — C'est un intrigant qui s'apitoie dans des livres et dans des journaux sur la misère, qu'il exploite en la plaignant. Il vante l'humanité anglaise, sans dire qu'elle asservit une partie de la nation, par cela seul que cette partie est restée catholique, comme l'autre partie l'était autrefois.

D. — Mais le philanthrope ne professe-t-il pas une grande tendresse pour les peuples asservis ?

R. — Par cette tendresse de commande, il porte les peuples à la révolte ; il les entretient dans des guerres cruelles qui les anéantiront s'ils succombent, et les décimeront s'ils triomphent.

D. — Mais le philanthrope ne professe-t-il pas une extrême sensibilité pour le malheur?

R. — Par sensibilité, il ne voudra pas qu'un prêtre approche d'un moribond, de peur de l'alarmer; et, sous prétexte de sympathie pour le corps défaillant de ce malheureux, il ne s'inquiétera pas même de son âme.

D. — Mais n'est-il pas bienfaisant ?

R. — Il est *bienfaisant* par calcul ; il n'est pas *charitable*, la charité ou l'amour étant une vertu exclusivement catholique. Par humanité, il mettra les pauvres en prison, attendu, dit-il, que *l'aumône dégrade et avilit l'homme.*

D. — Mais n'est-il pas indulgent pour les fautes du prochain, et n'est-il pas l'adversaire de la peine de mort ?

R. — Son indulgence le porte à s'apitoyer sur le sort du coupable, non sur celui de la victime. Plutôt que de condamner l'assassin, il préfère le laisser rentrer dans la société ; en absolvant le crime, il sacrifie nécessairement l'innocence. Les hommes religieux, du reste, sont partisans de l'abolition de la peine de mort, avec cette différence qu'ils trouvent que c'est au criminel à commencer, non à la société.

D. — Cependant la sensibilité du philanthrope ne s'étend-elle pas jusqu'aux animaux ?

R. — Les animaux excitent tellement sa pitié qu'il serait tenté de mener son cheval par la bride plutôt que de le fatiguer de son poids ; et son tendre cœur souffre lorsque, mangeant de la viande, il songe que, peut-être, cet animal a été tué pour lui. Il serait capable, pour cette raison, de refuser un bouillon à un malade, et on le verrait hésiter de défendre un homme attaqué par un voleur, de peur de faire mal à ce voleur. Le philanthrope est un homme qui devient insensible à force de sensibilité.

D. — Mais dans quel but agit-il ainsi ?

R. — Pour passer pour humain, sans bourse délier, vis-à-vis de ses concitoyens; pour se rendre populaire, et, par ce moyen, surprendre les suffrages dans les fonctions électorales.

D. — Qu'est-ce que le progrès?

R. — Le développement des institutions fondées sous l'inspiration du christianisme ; il n'y en a pas d'autre; car le progrès comme l'entendent les pirates révolutionnaires, le *progrès indéfini*, est une doctrine fausse qui ne présente à l'humanité qu'un mirage trompeur; elle ne peut s'appuyer ni sur l'analogie, ni sur l'histoire, et on ne peut la mettre en rapport avec les instincts de l'humanité; hypothèse gratuite, cette théorie est une théorie dangereuse, car elle gâte le présent et tend à ruiner tout système religieux, à rendre équivoques les principes de morale, à miner les fondements de l'ordre politique; elle ne peut donc améliorer le sort de l'homme. Quant à la vérité religieuse en elle-même, elle n'a pas de progrès à attendre; elle est immuable; le mot *progrès*, appliqué aux vérités révélées elles-mêmes, n'a donc pas de sens.

D. — Qu'est-ce que la liberté de la presse?

R. — C'est la faculté d'écrire tout ce qu'on pense, lorsqu'on a pour but d'éclairer le gouvernement et d'instruire le peuple.

D. — Qu'est ce que la licence de la presse ?

R. — C'est l'abus que font certains hommes de la liberté de la presse pour séduire et pervertir le peuple, décrier la religion et le gouvernement, et corrompre les mœurs, en écrivant et répandant des libelles et des ouvrages licencieux. La liberté de la presse, c'est un flambeau qui éclaire ; la licence de la presse est une torche employée à mettre le feu sur son passage.

D. — Quel est, en ce cas, dans l'intérêt public, le meilleur moyen à prendre ?

R. — C'est de conserver le flambeau et d'éteindre avec soin la torche incendiaire. Et il est grand temps d'y songer, car cette torche meurtrière a causé déjà des ravages pour ainsi dire irréparables. Quand un malade a avalé le poison qu'un charlatan lui a vendu, le médecin qui est ensuite appelé ne doit pas attendre qu'il soit à la mort pour lui administrer un contre-poison, car alors il est presque probable que son remède serait de nul effet.

D. — Pourquoi donc met-on, en ce siècle, tant de lenteur à faire le bien et à réprimer le mal?

R.— Parce que les honnêtes gens ont peur

des méchants; or, celui qui ne réprime pas le mal aussitôt qu'il le peut, coopère lui-même au mal qu'il n'a point empêché. C'est l'histoire de Ponce-Pilate.

D. — Que doit faire le peuple?

R. — Demeurer fermement catholique et ami de l'ordre; se tenir en garde contre les systèmes insensés et pitoyables des prétendus réformateurs, qui ne sont que des démolisseurs qui, avec de dangereux appâts, essayent d'éblouir la multitude par l'éclat des mots, et d'entraîner la jeunesse par leurs éloges outrés, le tout pour arriver au pouvoir et livrer la patrie à l'anarchie, qui leur permet de *pêcher en eau trouble*.

Enfin, et surtout, que le peuple se souvienne que c'est toujours lui qui est la victime suprême des révolutions.

Cette vérité n'est pas nouvelle. Rappelons-nous la comédie des *Chevaliers* d'Aristophane. C'est une satire politique qui, à part quelques noms à changer et quelques allusions à modifier, peut s'appliquer indistinctement à tout gouvernement démocratique radical, quelle que soit l'époque et quel que soit le pays. Dans cette comédie, Aristophane représente le peuple sous la figure d'un vieillard imbécile; et, pour que personne n'en ignore, il l'appelle *le bonhomme Peuple*.

Peuple est entouré de parasites et de courtisans qui se disputent ses bonnes grâses: c'est à qui le flattera, le caressera, le dupera. Pour le moment, un certain corroyeur, nommé Cléon (c'était le démagogue le plus en crédit), est le favori de Peuple ; mais l'un des ennemis de Cléon, un aristocrate, imagine de combattre Cléon par ses propres armes, et à ce démagogue d'opposer un autre démagogue.

Il avise un charcutier et lui fait entendre qu'il pourrait bien, s'il le voulait, supplanter le corroyeur. Rien n'est plus comique que la scène où le nouveau prétendant vient, avec de belles paroles, chercher à prendre dans le cœur du bonhomme Peuple la place qu'occupait Cléon ; celui-ci ne veut pas se laisser éconduire, et tous les deux font auprès du maître assaut de protestations et de promesses.

Le charcutier. — Il y a longtemps que je

t'aime, Peuple, que je veux faire ton bonheur, moi et une foule d'autres gens de bien; mais ce coquin-là nous en empêche.

Cléon. — Je suis le bienfaiteur du Peuple.

Le charcutier.— S'il n'est pas vrai que je te chéris, ô Peuple! qu'on me fasse cuire en fricassée.

Cléon. — T'aimer plus que moi, Peuple, est-ce possible? Jamais tu n'eus un défenseur plus dévoué, je le jure sur ma tête.

Le charcutier.— Tu prétends l'aimer, et tu le vois depuis huit ans logé dans des tonneaux, dans des trous, dans des poulaillers, où la fumée l'aveugle, et tu l'y enfermes sans pitié, etc., etc.

Cléon. — O Peuple, faut-il que je m'entende ainsi traiter, parce que je t'aime!

Le charcutier. — Oh ! c'est un coquin, mon cher Peuple, qui t'a joué bien des tours; pendant que tu as le dos tourné, il coupe à la racine les procès des concussionnaires, en avale tout le suc, et puise à deux mains dans les caisses publiques.

Cléon. — Mon cher Peuple, ne crois pas tout ce qu'il dit. Ah ! tu ne trouveras jamais d'ami plus dévoué que moi; seul j'ai su étouffer les conspirations; rien ne m'échappe de ce qui se trame dans la ville, et je m'empresse de le crier bien haut.

Le charcutier. — Tu ressembles aux pêcheurs d'anguilles : dans l'eau limpide, ils ne prennent rien; mais qu'ils agitent bien la vase, et la pêche sera bonne : ainsi ce n'est qu'en temps de troubles que tu garnis tes poches. Mais, dis-moi, toi qui vends tant de peaux, lui as-tu jamais fait cadeau de semelles pour ses souliers? et tu prétends l'aimer!

Peuple. — Non, il ne m'en a jamais donné.

Nous regrettons de ne pouvoir citer toute la scène, car jamais on n'a représenté sous de plus vives couleurs le honteux manége de ces faux amis du peuple, qui l'accablent de flatteries et de caresses pour capter sa faveur, et qui, pour arriver au pouvoir, prodiguent les promesses les plus impossibles à réaliser. Au lieu de Cléon, mettez Robespierre; au lieu du charcutier, mettez Marat : la scène est aussi vraie pour la France que pour Athènes.

FIN.

www.ingramcontent.com/pod-product-compliance
Lightning Source LLC
LaVergne TN
LVHW020306230826
846091LV00006B/2559

* 9 7 8 2 0 1 1 7 5 2 4 9 9 *